10 IDEAS
para salvar el
PLANETA

Ilustraciones de Clarissa Corradin
Textos de Eleonora Fornasari

algar

ÍNDICE

LOS PRIMEROS PASOS  4

PROTEGE A LAS ABEJAS  6

UTILIZA MENOS PLÁSTICO  10

HAZ LA RECOGIDA SELECTIVA  14

APRENDE A CONOCER LOS PRODUCTOS LOCALES Y DE TEMPORADA 18

AHORRA ENERGÍA  22

MUÉVETE A PIE O EN BICICLETA 26

NO DERROCHES  30

AHORRA AGUA  34

APROVECHA EL PAPEL AL MÁXIMO  36

RESPETA A LOS ANIMALES SALVAJES 38

LOS PRIMEROS PASOS

ANTES DE NADA, ¡ENHORABUENA! TIENES EN TUS MANOS UN LIBRO IMPORTANTÍSIMO...

Puede que ya sepas que nuestro hermoso planeta está sufriendo y que necesita toda la ayuda posible (¡también la nuestra!), o tal vez te gustaría entender qué es lo que está pasando.
¡En ambos casos, este es el libro que necesitas!
Cada día, delante de nuestras narices, la contaminación aumenta un poquito más. Desde los papelitos tirados por la calle a los residuos esparcidos por el mar, pasando por el humo negro que sale de las fábricas y por el humo maloliente de los coches..., muchísimas cosas (a veces las más insospechadas) perjudican el entorno que nos rodea.

YA ES HORA DE CAMBIAR O, AL MENOS, DE INTENTARLO. ¿ESTÁS CON NOSOTROS?

«¡Pero yo no tengo una fábrica! ¡Ni tampoco conduzco un coche!», estarás pensando. Es verdad. Pero si piensas que solo los adultos pueden salvar el mundo..., bueno, te equivocas.

TÚ TAMBIÉN PUEDES HACERLO. Y NO, NO ES NINGUNA BROMA.

Recuerda (¡apúntalo en algún sitio!):

LAS PEQUEÑAS ACCIONES COTIDIANAS MARCAN SIEMPRE LA DIFERENCIA, ESPECIALMENTE CUANDO EL OBJETIVO ES MUY GRANDE.

Por eso este libro es tan importante. Página tras página descubrirás diez pequeñas acciones que te permitirán contribuir a salvar el mundo de la contaminación. No te preocupes: se trata de acciones muy sencillas para hacer a diario en casa, en el colegio, cuando paseas por tu ciudad…
Es un poco como hacer un puzle: cada pequeño gesto corresponde a una pieza del objetivo final. Ella sola no parece gran cosa, ¡pero cuando la encajas con las demás lo que tienes es un dibujo precioso! Del mismo modo, las pequeñas acciones cotidianas sugeridas en este libro, todas juntas, pueden cambiar las cosas cada vez un poquito más.

¿A QUÉ ESTÁS ESPERANDO? ¡PRUÉBALO!

Apréndelas y después explícaselas a tus amigos.
Todos juntos, un día tras otro, poco a poco…

¡ASÍ ES COMO SE SALVA EL MUNDO!

01 PROTEGE A LAS ABEJAS

¿Sabes que cada vez hay menos abejas en el mundo? Desgraciadamente, es así. Por suerte, podemos protegerlas creando pequeños (y perfumados) rincones con flores solo para ellas,

¡AUTÉNTICAS ÁREAS SALVA-ABEJAS!

Es muy sencillo. En primer lugar, debes **conseguir semillas de las flores «amigas de las abejas»**, es decir, sus preferidas. Las encontrarás en las tiendas de plantas y quizás algunas ya las conozcas: por ejemplo, el **tomillo** y el **romero**, o también las perfumadísimas flores lila del **espliego** y los **girasoles**.

Hay una infinidad (y las abejas son golosísimas): amapola, caléndula, malva, eneldo, comino, cilantro, hinojo, trébol, borraja, trébol dulce...

No te preocupes, no es necesario que estén todas, con las que puedas encontrar será suficiente.

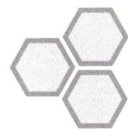

Después, hace falta un bonito rincón en el que plantar las semillas. Si no has podido encontrar las más apropiadas, ningún problema: empieza plantando otras flores en macetas que después podrás trasplantar donde quieras, e incluso a llevarlas a tu balcón, si no tienes un jardín.

También lo puedes hacer en el colegio, con la ayuda de los maestros y de los compañeros de clase (cuantos más seáis, mejor). ¡Buscad un buen **parterre** en el patio y armaos con **pala** y **regadera**! Además, en muchas ciudades, quien quiera puede cultivar sus plantitas en los parques o en otros espacios públicos. Infórmate: quizás tú también puedas hacerlo en la tuya.

En todo caso, recuerda que las flores necesitan **agua** y **luz solar** para crecer bien. Y no solo ellas...
Deja siempre un bol con agua junto a tu área salva-abejas:

¡LOS PEQUEÑOS INSECTOS ZUMBANTES TE LO AGRADECERÁN!

¿POR QUÉ HAY QUE AYUDAR A LAS ABEJAS?

Los laboriosos insectos a rayas son un ejemplo excelente de cómo incluso los más pequeños (como tú) pueden hacer cosas grandes. ¿Y sabes por qué?

PORQUE GRACIAS A LAS ABEJAS MUCHAS PLANTAS SE REPRODUCEN.

Funciona así: nuestra amiga se siente atraída por el **néctar** de la flor y, mientras se da una buena comilona, sus **«patitas»** se llenan de **polen**. Después, cuando se posa sobre otra flor de la misma especie, ese polen se desengancha y la fecunda.

Más tarde, lentamente, madura el **fruto**, ¡que guarda en su interior una **semilla** preparada para hacer nacer una nueva **planta**!

En resumen: sin abejas zumbando por aquí y por allá, no quedaría nada, ni frutos ni semillas; y, al final, ni plantas, que son indispensables para los animales y para los seres humanos.

SÍ, ¡ES UN GRAN PROBLEMA!

Desgraciadamente, la contaminación y los pesticidas que se usan en los campos agrícolas son una amenaza para las abejas: **las sustancias que llevan estos son perjudiciales y hacen que cada vez haya menos.** Por eso tu pequeña área salva-abejas es importante: ¡es un primer paso para que pueda volver a haber muchas abejas!

¿SABÍAS QUE...?

Las **abejas** tienen un **aguijón** muy grande que utilizan para defenderse cuando se sienten en peligro. Pero esto raramente ocurre, puesto que mueren después de haberlo utilizado.

Las **avispas**, por el contrario, pueden picar una y otra vez (¡por eso son mucho más peligrosas!).

Aun así, aunque se parecen mucho, es fácil distinguirlas: la abeja es regordeta y peludita, con rayas de color negro y amarillo oscuro, mientras que la avispa es esbelta y lisa, con estrías de color negro y amarillo brillante.

En ambos casos, mantente alejado de sus nidos y de las colmenas, ¡o será peor para ti!

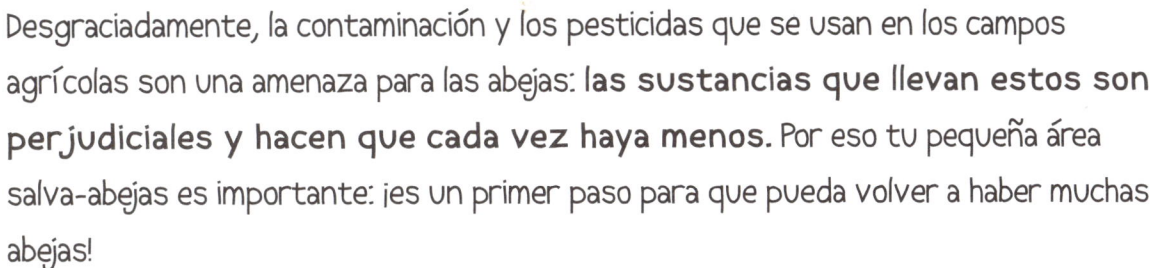

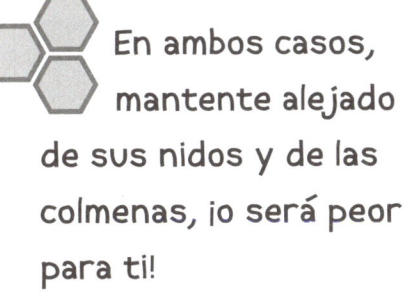

UTILIZA MENOS PLÁSTICO

El plástico está realmente por todas partes: botellas, platos, paquetes de pastelitos, bolsas... Aprender a utilizar menos es, en realidad, muy fácil. ¿Cómo? Lo descubriremos juntos con un poco de atención y una pizca de creatividad.

 ¿Sabes cuántas veces puedes beber del mismo **vaso**?
Utiliza uno de cristal, o de plástico duro (que se pueden lavar), y evitarás que muchísimo plástico acabe en la papelera. Muy fácil.
Pasa lo mismo con los **platos**, los **cubiertos** y las **pajitas**.
Los objetos de usar y tirar, fabricados para utilizarlos una sola vez y desecharlos, aumentan el consumo de plástico. ¡Hay que recurrir a ellos lo menos posible!

 Si te tienes que mover, hay una solución sencilla y divertida:
¡UNA CANTIMPLORA SOLO PARA TI!
Las hay de muchos tipos; puedes elegirla del color que quieras e incluso personalizarla, ¿por qué no? Ponle pegatinas o escribe tu nombre... y la podrás rellenar con las bebidas que más te gusten infinidad de veces.

¿Y si vas a una fiesta?

Si hay vasos y platos de usar y tirar, puedes escribir tu nombre con un rotulador y usarlos tantas veces como quieras sin tener que ir a por otros.

Pero esto no es todo: **todavía puedes hacer mucho más para reducir el consumo de plástico.** Si necesitas un bote para los bolígrafos, te puedes hacer uno cortando una botella por la mitad (con la ayuda de mamá o papá) y decorarla pintándola o pegándole algo, como, por ejemplo, tu papel de regalo preferido, un lazo, un adhesivo...

¿Y cuando se acaba el helado comprado en el súper?

Puedes usar el envase vacío como un portaobjetos: límpialo bien, decóralo si te apetece, llénalo con lo que tengas por ahí desparramado y que no encuentras nunca (los cromos repetidos que quieras cambiar, caramelos, pañuelos de papel...).

¿Y QUÉ MÁS?
¡SEGURO QUE YA TIENES MILES DE IDEAS!

¿POR QUÉ MENOS PLÁSTICO?

Cuanto más plástico utilizamos, más desechamos, y el problema es que después se transforma en enormes **montañas de inmundicia** que se quedan en algún rincón olvidado de nuestro planeta...

Sí, porque solo una reducida parte de estos residuos se **recicla** (si no sabes qué es el reciclaje, ¡te lo explicaremos después!). El resto acaba en los **vertederos** y en los **incineradores** (donde se quema y se contamina el aire) o incluso **esparcido por el entorno**: los objetos que acaban en el suelo o en el mar se quedan allí, porque el plástico es un material muy resistente.

¿Sabes cuánto plástico acaba en el mar cada año?

¡CASI OCHO MILLONES DE TONELADAS!

¡Es una cantidad ENORME!

Además, todos estos residuos tienen un impacto trágico también sobre los animales que viven en el mar y en el entorno circundante.

Por ejemplo, las **tortugas marinas** confunden las bolsas de plástico con medusas, así que a menudo se las comen (¡y esto no le sienta nada bien a su estómago!). También les pasa a las **gaviotas** y a otros animales marinos. Esto es lo que sucede cuando el plástico se desparrama por todas partes.

SERÍA MEJOR NO UTILIZAR TANTO, ¿VERDAD?

¿SABÍAS QUE...?

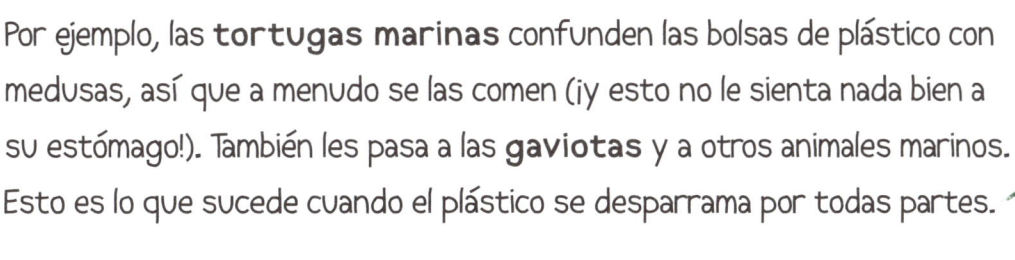

Muchos países han aprobado leyes para convertirse en *plastic free* (que en inglés significa 'sin plástico') y para promover unos materiales alternativos denominados **compostables**.

Es posible que ya los hayas visto: por ejemplo, los platos de usar y tirar compostables parecen hechos de plástico, pero en realidad están elaborados con materiales especiales, obtenidos de plantas como la **caña de azúcar** o el **bambú**.
Así, cuando los tiramos, no quedan esparcidos durante centenares de años, sino que se transforman, junto con las sobras de comida, en **fertilizante** que nutre la tierra de la que han nacido.

 **¡EXACTO, LOS PUEDES USAR SIN CONTAMINAR!**

03 HAZ LA RECOGIDA SELECTIVA

Hacer la recogida selectiva quiere decir introducir cada residuo en el contenedor adecuado. Por lo tanto, lo primero que debemos hacer es aprender a reconocerlos.

 Los restos de comida como los bordes de la pizza, el corazón de la manzana y las cáscaras de huevo se llaman **residuos orgánicos** y se tiran al **contenedor de la basura orgánica**. Aquí también puedes tirar los platos y los cubiertos compostables de los que acabamos de hablar.

 Después, están los contenedores para el **papel** y el **cartón**, en los que, por ejemplo, metemos las libretas viejas, las hojas que ya no valen, algunas cajas de galletas...

 El **plástico** con el que están hechos muchos recipientes, desde los vasos de yogur a las botellas de jabón y de los distintos detergentes, se tira aparte; y pasa lo mismo con el **vidrio**. No te olvides de separar correctamente también el **acero** y el **aluminio** con el que están hechos, por ejemplo, las latas y los botes.

 Finalmente, están lo **residuos especiales** (pilas, cartuchos de impresora, medicamentos...) y los indiferenciados, que no forman parte de ninguna de las otras categorías.

¡YA ESTÁS PREPARADO PARA EMPEZAR A HACER RECOGIDA SELECTIVA!

Solo necesitas un poquito de buena voluntad y, eso sí, la ayuda de un adulto, ya que algunas reglas pueden cambiar según el país donde vivas y a veces son un embrollo... Así que, si tienes alguna duda, lo que tienes que hacer es preguntar y, poco a poco, te convertirás en...

¡CINTURÓN NEGRO DE RECOGIDA SELECTIVA!

¿POR QUÉ TENDRÍAS QUE HACER RECOGIDA SELECTIVA?

Fácil. Porque te permite hacer una cosa importantísima: ¡reciclar!

Los camiones de la limpieza urbana retiran los residuos separados y los transportan a una estación de transferencia. Aquí se verifican, se clasifican y, si hace falta, se compactan (es decir, se prensan juntos para que ocupen menos espacio).

Después los envían a los recuperadores y recicladores, donde se convierten en objetos completamente nuevos.

No es un chiste: gracias al reciclaje, podemos reutilizar los objetos desechados y evitar dañar el medio ambiente.

Y TODO ESTO ES POSIBLE PORQUE TÚ TAMBIÉN TE HAS ESFORZADO Y HAS TIRADO CADA RESIDUO AL CONTENEDOR ADECUADO.

Por desgracia, los residuos que no se reciclan (¡pasa demasiado a menudo!) son un problema muy gordo, porque continúan contaminando durante mucho tiempo.

♻ Un **chicle** tirado en el suelo, por ejemplo, se queda allí **CINCO AÑOS**.
♻ Un **bote** de tu bebida preferida puede durar **CIEN**.
♻ ¡Y una **bolsa de plástico** normal y corriente puede sobrevivir hasta **MIL AÑOS**!

NO HAY DUDA: SEPARAR (Y RECICLAR) ES LA MEJOR MANERA DE AYUDAR AL MUNDO A ESTAR LIMPIO.

¿SABÍAS QUE...?

Los residuos reciclados se transforman en objetos que nunca te habrías imaginado.
Por ejemplo, del **plástico** se obtiene el **forro polar**, un tejido muy suave (¡sí, tu nuevo forro podría estar hecho de botellas de plástico!). Con el **vidrio**, en cambio, se hace el **césped artificial**. Exacto, el de algunos campos de fútbol.

¿Y LOS RESTOS DE COMIDA? Se convierten en un abono llamado *compost*, un alimento muy valioso que ayuda a las plantas a crecer más fuertes.

04 APRENDE A CONOCER LOS PRODUCTOS LOCALES Y DE TEMPORADA

En la sección de frutas y verduras del supermercado, encuentras de todo todos los meses del año: naranjas jugosas y kiwis peluditos, cebollas moradas y calabazas gigantes...

Ordenados en los estantes parecen iguales, pero en realidad tienen historias diferentes.

Algunos productos llegan de muy lejos; otros, de más cerca; los hay **de temporada** (es decir, que han madurado en el mismo periodo en el que los encuentras expuestos), o cultivados en **invernaderos** (estructuras especiales que los mantienen calientes).

¿Cómo los podemos distinguir? Por desgracia, no se puede ver a ojo si las fresas han madurado bajo los rayos del sol o si han sido cultivadas con **lámparas artificiales** (que sirven para hacerlas crecer incluso cuando fuera hace frío). Por eso es mejor aprender y recordar qué frutas y qué hortalizas crecen en cada época del año.

HAY UNA MANERA SENCILLA Y DIVERTIDA DE HACERLO...

🍓 Ve a por una cartulina y, con un rotulador, divídela en cuatro partes iguales, una por cada estación: primavera, verano, otoño e invierno. Después, con la ayuda de algún maestro o de tus padres, dibuja (¡y colorea!) dentro de cada estación las **frutas** y **hortalizas** que crecen de forma natural en la zona donde vives.

¡CUANTAS MÁS PONGAS, MEJOR!

🍓 Cuando hayas acabado, coloca la cartulina en la cocina, en clase o en tu dormitorio. Así sabrás siempre qué productos es mejor comer en cada estación del año. Si después acompañas a tu madre o a tu padre (o a tu abuela) al mercado, o a vuestra frutería de confianza, buscad **productos de kilómetro cero**, es decir, que procedan de los agricultores locales.

Con un poquito de suerte, incluso puede que te encuentres con el labrador en persona detrás de su parada de frutas y verduras cultivadas con cariño y esfuerzo.

¿POR QUÉ HAY QUE CONSUMIR PRODUCTOS LOCALES Y DE TEMPORADA?

Para llenar los supermercados de fruta y verdura de fuera de temporada hay que traerla desde otros países (más cálidos o fríos, según el producto) o bien cultivarla en invernaderos usando lámparas e instalaciones de calefacción.

EN AMBOS CASOS, DESGRACIADAMENTE, SE CONTAMINA.

Imagínate el viaje de un calabacín que llega al supermercado de tu barrio desde otro país. Lo cargan con el resto de las verduras en una furgoneta; después, en un tren, incuso en un avión... Tienes que pensar que todos los medios de transporte motorizados emiten **dióxido de carbono**, una sustancia que perjudica mucho al medio ambiente (más adelante descubriremos por qué).

EN RESUMEN: CUANTO MÁS LARGO SEA EL VIAJE DEL CALABACÍN, MÁS SE CONTAMINA EL AIRE.

Los invernaderos, por su parte, contaminan por el mismo motivo: para hacer que crezca fruta y verdura fuera de temporada, hace falta que las plantas tengan calor, y esto solo es posible utilizando sistemas de calefacción, que producen dióxido de carbono (muchísimo). Así que, si afuera hace frío, es mucho mejor renunciar a las fresas y comer una fruta de temporada (¡mira la cartulina y descubre cuál!).

¿SABÍAS QUE…?

Los productos de la tierra que maduran a la luz del sol contienen más **vitaminas** y **sales minerales**. ¡Sí, esto quiere decir que comer fruta y verdura local y de temporada es bueno para la salud! Los productos que tienen que hacer largos viajes, en cambio, se recolectan cuando todavía están verdes y completan la maduración durante el trayecto, lejos del terreno rico de **sustancias nutritivas**.

Pasa lo mismo con las frutas y hortalizas de invernadero, que, además, reciben menos luz solar que las que han sido cultivadas al aire libre.

05 AHORRA ENERGÍA

Gracias a la energía eléctrica, tenemos muchas comodidades en casa. La nevera conserva la comida fresca, las bombillas dan luz cada vez que queremos (solo hace falta pulsar el interruptor, ¡más fácil imposible!), podemos ver nuestros programas preferidos en la televisión, en buena compañía.... Exacto, no hay nada más fácil ni más rápido.

Pero ¿sabías que si pones un poquito de atención puedes ahorrar energía sin tener que renunciar a nada? ¡De verdad!

La primera regla es facilísima y vale un poco para todo (televisión, ordenador, videoconsolas...): **cuando no estés utilizando algo, apágalo.**

Si piensas volverlo a utilizar pronto, ponlo en pausa.

Pero recuerda que en ese caso continúas necesitando electricidad, aunque sea poca.

¿Sabes cuando no tienes ganas de levantarte del sofá (¡confiesa!) y apagas la tele con el mando a distancia? Pues la lucecita roja que se queda encendida en el televisor te recuerda que todavía estás consumiendo energía.

APAGA COMPLETAMENTE TUS APARATOS PARA EVITARLO.

Obviamente, la regla vale también para las **bombillas**.
Es mejor evitar que se queden encendidas cuando damos vueltas por la casa. Solo tienes que acordarte de **apagar el interruptor cada vez que salgas de una habitación**. Si después tienes que volver, no pasa nada... ¡con un clic vuelves a encender la luz!
Y, antes de salir, haz siempre una vuelta de reconocimiento con mamá y papá: ¿todo apagado? ¡Vía libre!
Hay **bombillas especiales «de bajo consumo»**, que iluminan consumiendo el mínimo de energía posible. Pregunta a tus padres si las de vuestra casa lo son. ¡Si no lo son, puedes sugerirles que empiecen a utilizarlas!

¿Y la nevera? No la puedes apagar, es verdad (la comida se echaría a perder). Pero hay una buena costumbre que tiene que ver con ella y que tú también puedes aplicar: ábrela solo **cuando sea estrictamente necesario, saca lo que necesites y vuélvela a cerrar enseguida**. Así se mantiene la temperatura adecuada y se ahorra mucha energía.

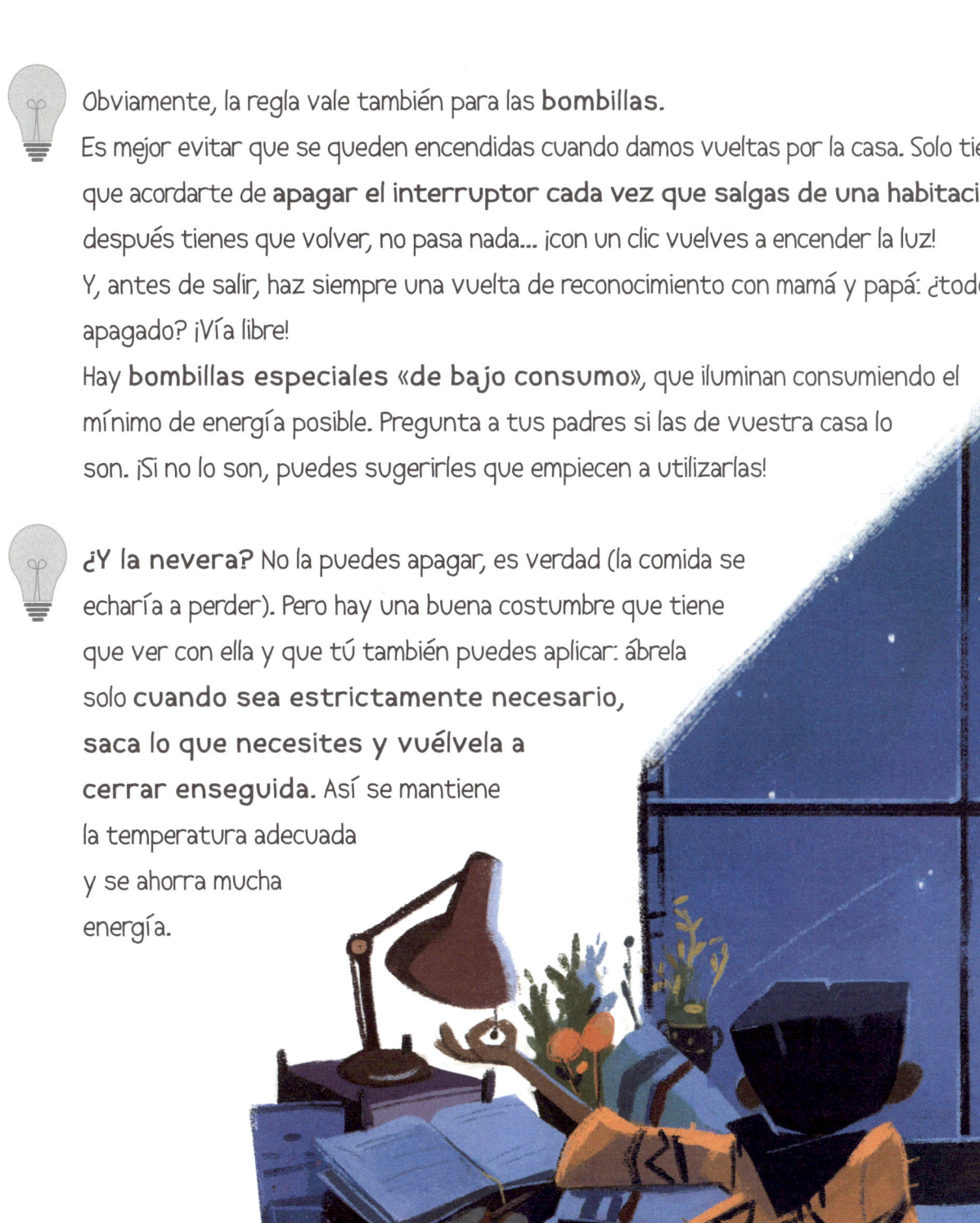

¿POR QUÉ HAY QUE AHORRAR ENERGÍA?

Casi toda la electricidad que se consume a diario está producida con «**combustibles fósiles**», es decir, con recursos muy escasos (y caros), que se queman precisamente para crear energía. Desgraciadamente generan grandes cantidades de dióxido de carbono (CO_2), que es el **enemigo número uno del aire limpio** (ya lo hemos comentado, ¿te acuerdas?).

Pero esto no es todo. Los combustibles más utilizados son el **carbón**, el **petróleo** y el **gas natural**, que están bajo tierra, a mucha profundidad.
Por lo tanto, para extraerlos es necesario excavar con máquinas especiales que perforan el terreno con unas brocas enormes. Después, son transportados a las estaciones de destino.

SÍ, CADA UNA DE ESTAS OPERACIONES CONTAMINA MUCHO, PORQUE HACEN FALTA MUCHOS MEDIOS A MOTOR. ¿RESULTADO? ¡MÁS HUMO NEGRO Y MÁS DIÓXIDO DE CARBONO!

Por lo tanto, en todo caso, la mejor manera de ayudar al medio ambiente es intentar derrochar el mínimo de energía posible.

SIN NINGÚN TIPO DE DUDA: SI CADA UNO SE ESFUERZA EN ESTAR MÁS ATENTO, HARÁ FALTA MENOS ENERGÍA Y, EN CONSECUENCIA, MENOS COMBUSTIBLES FÓSILES.

¿SABÍAS QUE...?

También hay **energías «limpias»**, es decir, producidas sin emisiones perjudiciales para el medio ambiente. Por desgracia, aún falta información sobre ellas, queda mucho por investigar y todavía están poco difundidas.

ESTAS SON LAS ENERGÍAS LIMPIAS MÁS CONOCIDAS.

💡 La **energía solar**, por ejemplo, se obtiene de paneles especiales que parecen espejos y que absorben los rayos de sol (¡haznos caso, cada vez hay más casas que los tienen en los tejados!).

💡 ¿Y los molinos que a veces vemos fuera de las ciudades? En realidad, también se llaman **generadores eólicos** y sirven para aprovechar la energía producida por el **viento**.

💡 Otro ejemplo son los **generadores hidroeléctricos**, que transforman la fuerza de los ríos, de las cascadas y de las corrientes marinas en **energía hidráulica**.

06 MUÉVETE A PIE O EN BICICLETA

En la ciudad hay a menudo un vaivén de coches que marchan en fila como un ejército de hormigas cabreadas.

 ¡Seguro que te suena! Llenan las calles con sus motores ruidosos, los humos malolientes, el guirigay de bocinas...

Es verdad, a veces es indispensable moverse en coche. Pero otras veces dar un buen paseo o una vuelta en bicicleta son alternativas excelentes.

CUANDO TIENES QUE IR A UN SITIO QUE ESTÁ CERCA DE DONDE TE ENCUENTRAS, ¡PROPÓN IR A PIE A QUIEN TE ACOMPAÑE!

Sí, probablemente os hará falta más tiempo para llegar, pero merece la pena, porque andando puedes darte cuenta de los rincones escondidos del trayecto.

Quizás haya un patio que no habías visto nunca o una estatua que desde la ventanilla del coche no parecía tan bonita. Y, quién sabe, puede que te encuentres con un amigo inesperado o con un animal que necesita ayuda...

POR ESO PASEAR AL AIRE LIBRE ES UN DESCUBRIMIENTO CONTINUO.

CLARO, NO A TODOS LOS SITIOS A LOS QUE TE GUSTARÍA IR SE PUEDE LLEGAR A PIE FÁCILMENTE.

 Tal vez tu colegio, el parque donde te gusta jugar o la casa de tu mejor amigo no estén tan cerca... Pues, si este es el caso, siempre puedes ir velozmente en bicicleta (bueno, ¡con cuidado y sin correr demasiado!). En muchas ciudades hay largos **carriles bici** por los que se puede pedalear de manera segura, lejos de los coches y sin peatones por los alrededores.

 Si, en cambio, el lugar donde te interesa ir está realmente lejos o hace muy mal tiempo, puedes elegir algún **transporte público** (haz que te acompañen al principio y, poco a poco, aprenderás cómo funcionan). Autobús, tranvía, metro... descubre qué medios hay en el sitio donde vives y hasta dónde llegan.

¡AHORA SÍ QUE ESTÁS PREPARADO PARA NUEVAS AVENTURAS!

¿POR QUÉ HAY QUE IR A PIE O EN BICICLETA?

¡Fácil! Si eliges ir a pie o en bicicleta, no producirás **dióxido de carbono** (¡sí, el mismo de siempre!). En los sitios donde hay mucho tráfico, de hecho, el humo de los tubos de escape de los vehículos a motor se acumula en el aire y forma el esmog, una especie de niebla gris que perjudica al medio ambiente y la salud de las personas.

¿HAS OÍDO HABLAR ALGUNA VEZ DEL EFECTO INVERNADERO?

Exacto, esto es precisamente lo que pasa cuando se produce **demasiado dióxido de carbono**: este gas retiene en la atmósfera (es decir, en el aire que rodea el planeta) el **calor de los rayos de sol**, y esto hace que la **temperatura** se eleve y que provoque el «**calentamiento global**». Es como si el mundo tuviera fiebre… Y cuando el mundo está enfermo tenemos un problema de los gordos, porque las estaciones se desbarajustan. Entonces puede llover muchísimo o hacer mucho calor en épocas del año en las que nadie se lo espera.

A menudo, las consecuencias son gravísimas: por ejemplo, inundaciones o incendios repentinos.

EL TRUCO, PUES, ¡ES ENCONTRAR NUEVAS MANERAS DE MOVERSE SIN UTILIZAR MEDIOS MOTORIZADOS!

Por ejemplo, el **piebús**, o, lo que es lo mismo, una solución ecológica y divertida para ir al colegio. Funciona igual que un autobús escolar, con horarios y paradas, pero, en vez del vehículo, son los niños los que pasean (con los adultos que los acompañan). En la práctica es un bus humano... ¡**sin humo negro y maloliente**!

¿SABÍAS QUE...?

En 2018 una niña sueca de quince años se echó a la calle y pidió al Gobierno de su país que se implicara en la reducción de emisiones de dióxido de carbono. Su nombre es **Greta Thunberg** (seguro que ya habías oído hablar de ella). La verdad es que es una chica muy decidida: desde entonces, ha continuado haciendo huelga cada viernes ante el Parlamento, para recordarnos a todos que el mundo necesita ser salvado. Su determinación ha provocado incluso el nacimiento de un movimiento: **Fridays for Future**.

TODO EL MUNDO PUEDE IMPLICARSE COMO ELLA PARA DECIR BASTA A LA CONTAMINACIÓN...

...y llevar a cabo los pequeños gestos explicados en este libro ya es una manera excelente de empezar.

07 NO DERROCHES

¿Sabes cuántos residuos genera al día cada ser humano? Pues agárrate fuerte: ¡**más de un kilo**! No, no es una broma. Obviamente, esto es una media nacional (y esto quiere decir que algunos países producen más, y otros menos), y un planeta sin basura quizás ni siquiera podría existir...

Pero si cada uno de nosotros aprovechara al máximo y de la mejor manera posible lo que tiene a su disposición, sin duda, no derrocharíamos tanto.

TAMBIÉN EN ESTE CASO ES FÁCIL ECHAR UNA MANO.

Por ejemplo...

Jabón, champú, gel de baño... Utiliza la cantidad necesaria. Con un poco de espuma y alguna pompa hay bastante para lavarse a fondo.

 La ropa que ya no te viene bien, los juegos que ya no utilizas… ¿has pensado alguna vez en **regalarlos**, si todavía están en buen estado? A lo mejor tienes un hermanito, una prima o un amigo más pequeño que podría utilizarlos. Del mismo modo, tú también puedes recibir objetos de alguien más mayor, y evitar comprar cosas nuevas.

EN CAMBIO, TODO LO QUE SE HA ECHADO A PERDER O ES DEMASIADO VIEJO A VECES SE PUEDE TRANSFORMAR EN OTRA COSA.

Ya lo has leído en este libro cuando hablábamos del plástico, ¿te acuerdas?

Por ejemplo, los **calcetines agujereados** se pueden convertir en títeres muy simpáticos. Solo tienes que pintarles una cara divertida, o coserles dos botones que hagan de ojos (que te ayude tu padre, tu yaya o quien tú quieras); después, metes la mano por dentro y ¡ya está listo para el espectáculo!

EN RESUMEN: DEJA VOLAR LA IMAGINACIÓN Y REUTILIZA TODO LO QUE PUEDAS.

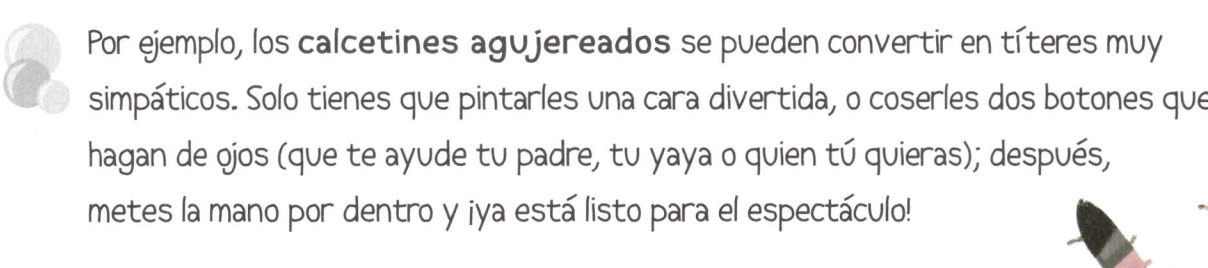

¿POR QUÉ HAY QUE INTENTAR NO DERROCHAR?

Igual que los coches, también las **fábricas generan dióxido de carbono** mientras las maquinarias trabajan. ¡Pero ellas emiten muchísimo más!

Piensa que algunas no paran ni siquiera por la noche, ni sábados ni domingos...

¡PERO ESTO NO ES TODO!

¿Te acuerdas del ejemplo de los calabacines que al viajar en camiones, trenes y barcos perjudican el medio ambiente? Pues pasa lo mismo con los diferentes productos que, cuando están acabados de manufacturar, se transportan a los puntos de venta. **Cuantas más cosas se compran (y desaparecen de los mostradores), más se fabrican para volver a suministrarlas...**

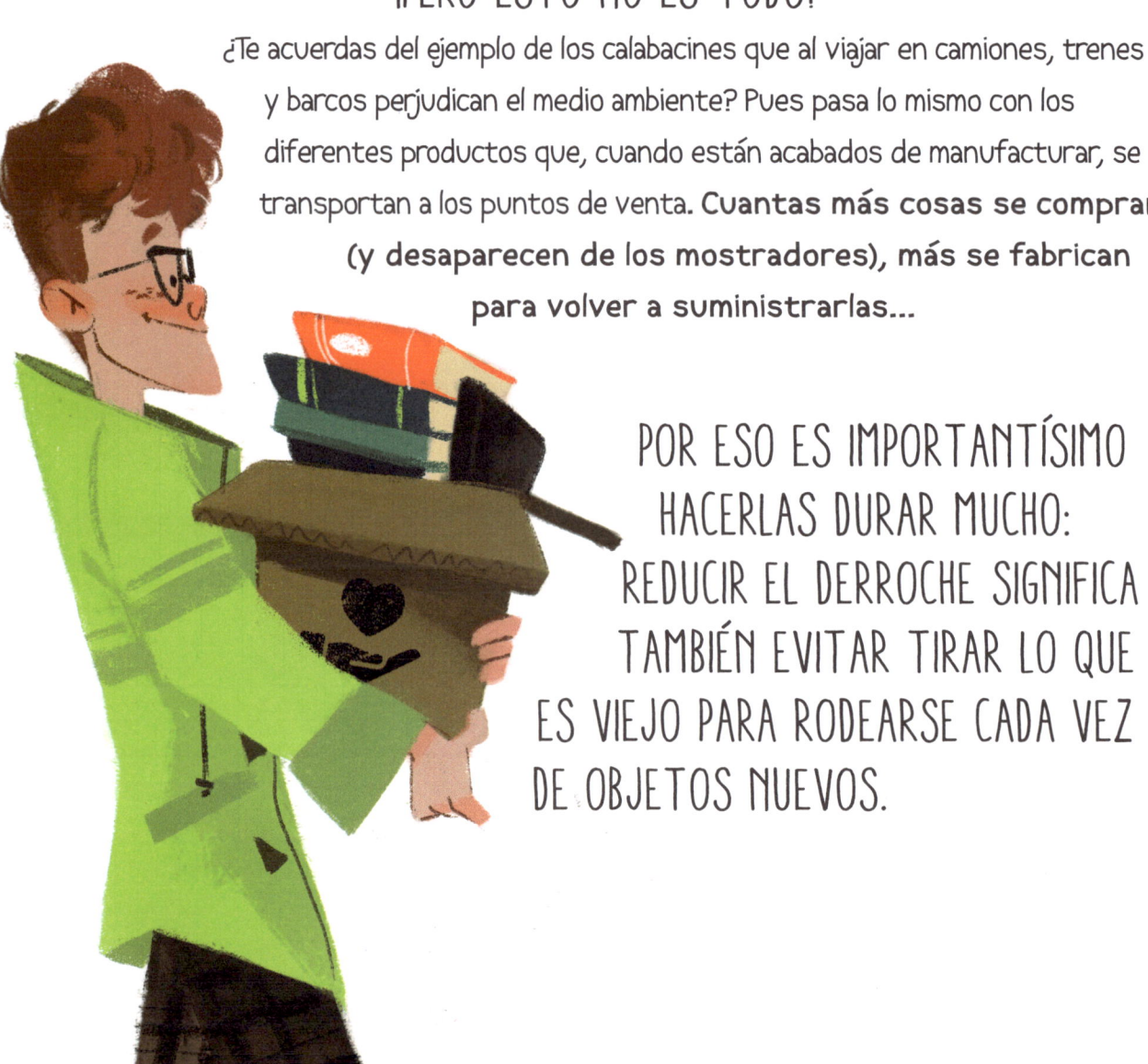

POR ESO ES IMPORTANTÍSIMO HACERLAS DURAR MUCHO: REDUCIR EL DERROCHE SIGNIFICA TAMBIÉN EVITAR TIRAR LO QUE ES VIEJO PARA RODEARSE CADA VEZ DE OBJETOS NUEVOS.

¿SABÍAS QUE...?

Si no conoces a nadie a quien pasarle lo que ya no usas, puedes donarlo a asociaciones que ayudan a los que han tenido menos suerte que tú. **¿Has oído hablar alguna vez de ellas?** Recogen trajes, zapatos, libros, juguetes, cuadernos y bolígrafos (a veces también recogen medicinas y otros objetos) que después llevan a niños que no tienen nada de esto. ¡Sí, es realmente fantástico!

Seguro que donde vives hay alguna: pregunta en casa o en el colegio. Haz que te ayuden a preparar una bolsa con todo lo que quieres donar (u organízate con los amigos: ¡juntos es más divertido y reduciréis el derroche todavía más!).

EN RESUMEN: AYUDAS AL PLANETA Y PUEDES AYUDAR TAMBIÉN A OTROS NIÑOS Y NIÑAS...

¡MEJOR IMPOSIBLE!

08 AHORRA AGUA

El agua es un bien precioso. Lo que pasa es que sale a tanta velocidad del grifo que es difícil saber cuánta utilizamos, ¿no crees? Pero, aun así, tú también puedes ahorrar.

 Por ejemplo: **cierra siempre el grifo mientras te cepillas los dientes.** Es verdad, es importante lavárselos a fondo, pero no hace falta que salga agua todo el tiempo. Vuelve a abrirlo cuando tengas que enjuagarte y limpiar el cepillo... Tendrás una sonrisa radiante sin derrochar ni una gota más de lo necesario.

Además, si estás acostumbrado a bañarte, recuerda que **la ducha es una alternativa excelente. Ahorras agua** (para llenar la bañera hace falta muchísima) y le dedicas menos tiempo: el que necesitas para ponerte un champú espumoso, enjabonarte y aclararte como es debido.

OBVIAMENTE, TAMBIÉN EN ESTE CASO TIENES QUE ABRIR EL GRIFO SOLO CUANDO SEA ESTRICTAMENTE NECESARIO.

 # ¿POR QUÉ HAY QUE AHORRAR AGUA?

El agua es un «**recurso renovable**» (es decir, se regenera continuamente), pero también **limitado**, o sea que no está disponible en cantidades infinitas. ¡Por eso es tan importante ahorrarla!

Funciona así: gracias a su **ciclo natural**, se evapora en el aire y después vuelve a la tierra en forma de **lluvia** o **nieve**. Pero los **acuíferos** (los depósitos subterráneos de donde se extrae el agua) necesitan tiempo para volverse a llenar. Por eso, si utilizamos demasiada, corremos el riesgo de quedarnos sin agua...

CLARO, PODER ABRIR EL GRIFO ES MUY CÓMODO... PERO EN ALGUNAS PARTES DEL MUNDO NO ES TAN FÁCIL.

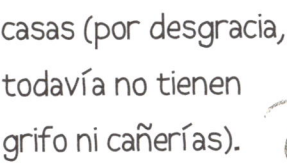 Por ejemplo, en África Oriental el agua es muy escasa a causa de la **sequía**. En cambio, en otros lugares, como el **Congo**, es abundante y, sin embargo, no todo el mundo tiene agua, porque no llega a sus casas (por desgracia, todavía no tienen grifo ni cañerías).

APROVECHA EL PAPEL AL MÁXIMO

Escribir, dibujar, decorar, empaquetar... ¡Cuántas cosas se hacen con papel! Con un poquito de creatividad y fantasía puedes aprovechar cada trocito al máximo.

 Los folios tienen dos caras. Entonces, ¿por qué no utilizar las dos? Cuando hayas terminado tu dibujo, en vez de ir a por otro folio, puedes girar el que estás utilizando y empezar otra pequeña obra maestra.

¿Y los folios que ya están llenos, los periódicos viejos y las revistas? Pues, además de en aviones, se pueden convertir en preciosas decoraciones y adornos especiales para una fiesta. Es facilísimo. Con unas tijeras (con la punta redondeada), recorta muchas tiras de papel. A continuación, con la grapadora, une las dos extremidades de una misma tira, de modo que formen una anilla. Después, pásala por dentro de otra tira de papel y grápala como antes... Continúa haciendo la cadena hasta que sea tan larga como prefieras.

¡RÁPIDO Y DIVERTIDO!

¿EL RESULTADO?

¡UN FIESTÓN ÚNICO!

¿POR QUÉ HACERLO?

Cada vez que reutilizas un **folio**, en realidad estás ayudando a los árboles, porque son ellos los que nos dan el papel. Por lo tanto, consumirlo con cuidado (y reciclarlo) quiere decir talar menos árboles. Y es que nuestro planeta necesita mucho a los árboles porque, gracias a un proceso llamado **fotosíntesis clorofílica**, producen el oxígeno que respiramos y, al mismo tiempo, limpian el aire del dióxido de carbono que lo contamina.

PERO ESTO NO ES TODO... LAS RAÍCES HACEN QUE EL TERRENO SEA MÁS ESTABLE, Y EVITAN DERRUMBAMIENTOS E INUNDACIONES, QUE PUEDEN PROVOCAR DAÑOS ENORMES.

Por eso, muchas organizaciones se están dedicando a plantar el mayor número posible de árboles en las zonas verdes de los pueblos y las ciudades. Busca información con mamá o papá. Tal vez tú también puedas plantar...

¡TU PROPIO ÁRBOL!

10 RESPETA A LOS ANIMALES SALVAJES

Cuando vas al mar o a la montaña, a pasear por el bosque o por el campo, pero también en los parques, puedes encontrarte con animales salvajes (es decir, que viven libres en la naturaleza). Aquí tienes algunas normas que puedes cumplir para respetarlos y cuidarlos.

🐾 ¡NO TOQUES NUNCA A LOS CACHORROS!

Sí, tomar en brazos o acariciar una bola de pelo o de plumas es muy bonito para ti, pero, ojo: si lo haces, los puedes poner en peligro. Las madres, de hecho, reconocen a sus pequeños por el olor. Si tocas a un cachorro, lo impregnas con el tuyo (quizás tú no lo notes, ¡pero los animales sí!), y haces que la madre no pueda reconocerlos tan fácilmente. En conclusión: **no los toques**.

🐾 NO JUEGUES A ATRAPARLOS...

Aunque solo quieras observarlos mejor, les podrías hacer daño (seguro que los asustarás). Los animales salvajes, a diferencia de los que viven con nosotros, **no están acostumbrados a que los toquen** (y ya hemos aclarado que es mejor no hacerlo), o, peor todavía, a que los pongan en una jaula portátil.

Por eso, y se trate de un cangrejo corredor como de un tierno lebrato, admíralos sin estorbarlos.

🐾 RESPETA SUS CASAS...

Nidos, madrigueras, hormigueros... Ir a descubrirlos es importante, pero recuerda: aunque parezca que solo son agujeros en tierra (o ramitas entrelazadas), para los animales son auténticos hogares. **Si descubres alguno, ¡obsérvalo a distancia!**

🐾 ¡NADA DE COMIDA!

Es verdad que dar un poquito de tu merienda a un amiguito peludo (o emplumado) parece un gesto amable, pero a menudo las consecuencias son desagradables. Lo que comemos nosotros puede hacer que a una cría de zorro le dé un buen dolor de estómago. Además, para los cachorros es importante aprender a comer solos. Si se acostumbran a ser alimentados por los humanos, apañárselas en la naturaleza puede acabar resultándoles muy difícil.

OBSÉRVALOS A DISTANCIA, SIN TOCARLOS, ALIMENTARLOS NI MOVERLOS. ¡ES LA MEJOR MANERA DE AYUDARLOS A VIVIR FELICES!

CLARISSA CORRADIN

Clarissa nació en Ivrea, Italia, en 1992. Asistió a la Academia de Bellas Artes de Turín, donde estudió pintura e ilustración. Actualmente trabaja apasionadamente en ilustraciones para libros infantiles.

ELEONORA FORNASARI

Eleonora vive en una bonita casa rodeada de árboles, ardillas y... libros, algunos de los cuales escribió ella misma. Desde muy joven comenzó a llenar cuadernos y diarios con muchas historias y personajes imaginarios. Cuando se quedó sin papel, empezó a escribir para la televisión. Hoy en día es una consumada autora y escritora de televisión, y enseña en la Università Cattolica en Milán, Italia.

Realización gráfica
Valentina Figus

Reservados todos los derechos.
Cualquier forma de reproducción, distribución, comunicación pública o transformación de esta obra solo puede ser realizada con la autorización de sus titulares, salvo excepción prevista por la ley. Diríjase a CEDRO (Centro Español de Derechos Reprográficos) si necesita fotocopiar o escanear algún fragmento de esta obra (www.conlicencia.com; 917 021 970 / 932 720 447).

Derechos cedidos por Edicions Bromera, SLU (www.bromera.com).

Título original: *10 idee per salvare il pianeta*
© White Star s.r.l., 2020
Piazzale Luigi Cadorna, 6
20123 Milán, Italia
www.whitestar.it
WS White Star Kids® es una marca registrada propiedad de White Star s.r.l.

© Traducción: Pau Sanchis Ferrer, 2021
© Algar Editorial
Apartado de correos 225 - 46600 Alzira
www.algareditorial.com
Impresión: Anman

1.ª edición: octubre, 2021
ISBN: 978-84-9142-519-9
DL: V-2397-2021